# Vorwort

*Liebe Sternen-Freunde,*

*in diesem Buch finden Sie Faltanleitungen zu acht wunderschönen, festlichen Fenstersternen, die ich erschaffen habe. So können Sie einzigartige Sterne für die Weihnachtszeit basteln, die in Ihrem Fenster hell erstrahlen. Jeder Stern hat einen eigenen Charakter. Sobald Licht durch die Sterne scheint, wird die ganze Schönheit der Faltungen sichtbar.*
*Mit ein wenig Unterstützung richten sich die Anleitungen nicht nur an Erwachsene sondern bereits an Schulkinder, die Spaß am Basteln und Falten haben. Was Sie brauchen? Gar nicht viel: Quadratisches Transparentpapier, Kleber, eine Schere und ein Falzbein. Dieses vereinfacht das Falten und der Stern erhält klare, gerade Faltlinien. Hilfreich ist ebenso eine glatte, feste Unterlage.*

**Was hat mich motiviert?**

*Mich erfüllt jedes Mal ein wärmendes Glücksgefühl, wenn aus den gefalteten Zacken ein Ganzes wird und ich den fertigen Stern gegen das Licht halte, um seine Wirkung zu entfalten. Das Basteln wirkt auf mich sehr entspannend, besonders in der stressigen Vorweihnachtszeit. Deshalb wünsche ich auch Ihnen wohltuende Leichtigkeit beim Falten der Sterne.*
*Bei der Farbwahl des Transparentpapiers gehen Sie am besten nach Ihrem eigenen Empfinden - klassisch einfarbig oder mit weihnachtlichen Motiven. Probieren Sie sich aus!*

**Dank**

*Ganz herzlich möchte ich mich bei Frau Dirk und Frau Stoebener für die Realisierung dieses Buchprojektes bedanken. Mein Dank gilt ebenso meiner Familie und Freunden und besonders Franzi für ihre Unterstützung. Und nach oben geht der Dank für die Ideen in Kopf und Hand, die zu diesem Büchlein führten.*

*Viel Freude beim Basteln und Dekorieren wünscht Ihnen*

*Maria Müller*

# Allgemeine Informationen

## Papier

Das Transparentpapier sollte eine Grammatur von 100 g/qm oder etwas weniger haben. Die benötigten Papierformate werden bei jedem Stern angegeben (meistens 15x15 cm).

Besonders gut sind die einfarbigen Transparentpapiere von Paper Frog, da diese durchgefärbt sind. So sehen die damit gebastelten Fenstersterne von Außen und Innen sehr gut aus.

Einen edlen Glanzeffekt erhalten die Sterne, wenn mit Metallicfarbe bedrucktes Transparentpapier verwendet wird. Dieses ist mit den Motiven: Engel, Punkte, Sternchen oder Eiskristallen erhältlich.

In diesem Buch wurden die Transparentpapiere der Marke Paper Frog verwendet.

Diese sind in Bastelgeschäften, Papeterien oder über den Internetshop **www.paperfrog.de** erhältlich.

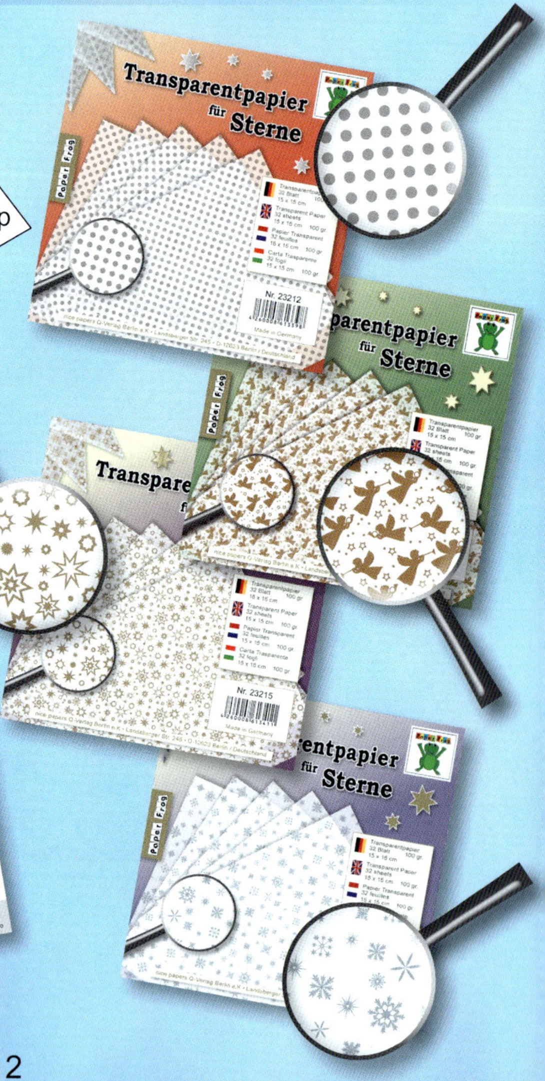

## Klebstoff

Wir empfehlen den FROGGI Schnellkleber zu verwenden, da wir mit diesem sehr gute Ergebnisse erzielt haben. Eine Alternative ist doppelseitiges, transparentes Klebeband, welches Sie sowohl zum Verbinden der Einzelteile, als auch zur Befestigung eines fertigen Sterns an einem Fenster verwenden können.

## Befestigung

Damit der Fensterstern sein ganzes Licht- und Schattenspiel zeigen kann, ist es wichtig, ihn direkt auf einer Fensterscheibe anzubringen.

Benutzen Sie dazu am besten doppelseitiges, transparentes Klebeband aus dem Bastelbedarf.

Bringen Sie an mehreren Stellen auf dem Stern das Klebeband an. Bevor Sie die zweite Schutzfolie abziehen, sollten Sie ausprobieren, an welcher Stelle des Fensters der Stern am besten aussieht. Kleben Sie danach den Stern an.

Einige der Sterne sind besonders dreidimensional auf einer Seite. Bringen Sie bei diesen Sternen das Klebeband auf der flachen Seite an.

Das Aufhängen des Sterns an einer Schnur ist nicht ratsam, da er sich wegen des Eigengewichts mit der Zeit durchbiegen und außerdem etwas von seiner Licht- und Schattenwirkung verlieren würde.

# Grundmodell

Dieses einfache Modell bildet die Grundlage für viele in diesem Buch erklärten Sterne.

**1.** Blatt diagonal falten, wieder öffnen.

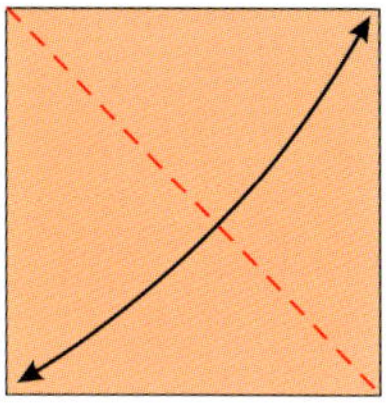

**2.** Markierung in der Mitte falten, wieder öffnen

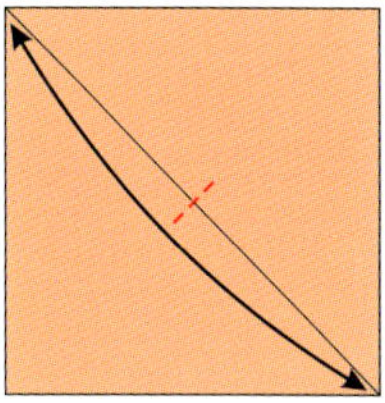

**3.** Untere rechte Ecke an die markierte Mitte falten.

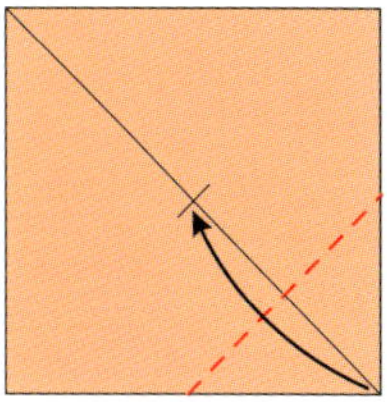

**4.** Beide Kanten an die markierte Mitte falten.

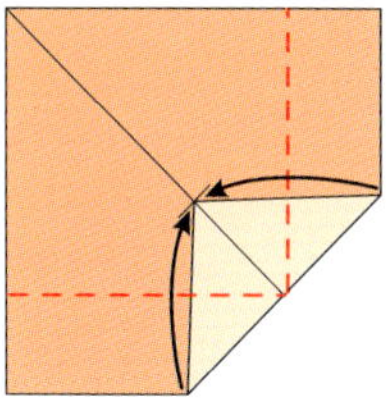

**5.** Fertiges Grundmodell.

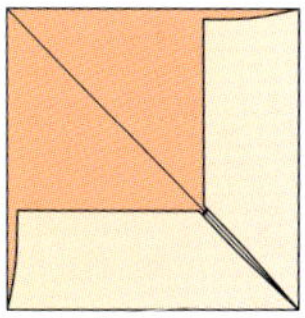

**Der 1. Stern in Variante Nr. 1 bildet ein großes Sternenmuster.**

**Leuchtende Fenstersterne stimmen auf die Weihnachtszeit ein!**

# 1. Stern

## MATERIAL

- 8 Blätter Transparentpapier
- Format: 15 x 15 cm
- Durchmesser fertiger Stern: 32 cm

**1.** Grundmodell von Seite 3 falten. Rückseite nach oben legen. Dann Kanten zur Mitte hin falten.

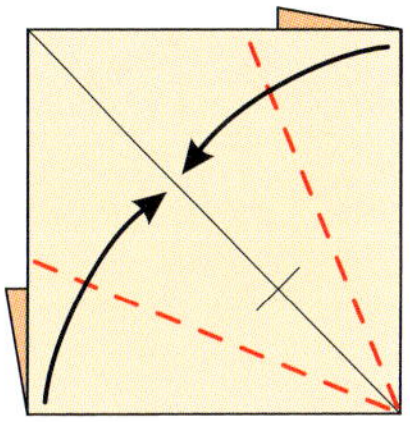

**2.** Rückseite nach oben legen und Einzelteil drehen.

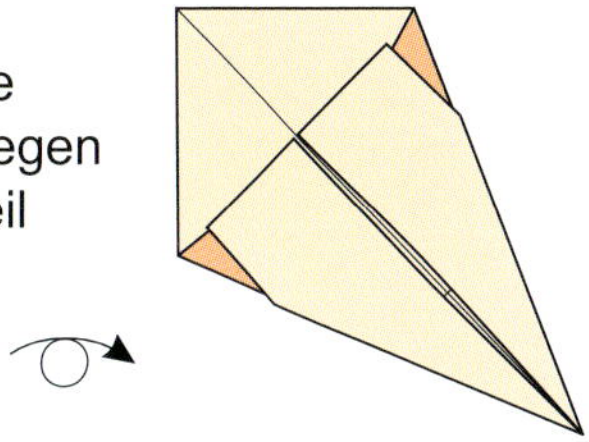

**3.** Oberste Papierlage nach außen legen. Einzelteil insgesamt 8 x falten.

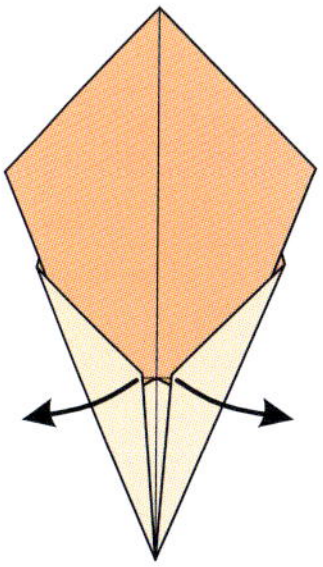

**4.** Oberste rechte Papierlage leicht anheben und Klebe auftragen, siehe Zeichnung. Hierbei nur Klebepunkte setzen und nicht zu viel Klebe verwenden.

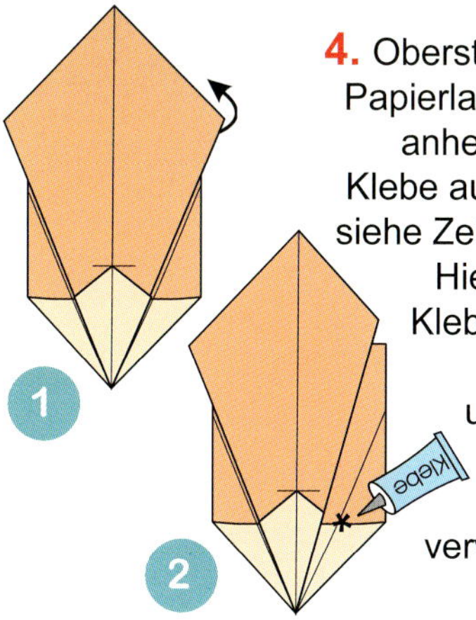


**5.** Ein weiteres Einzelteil in die entstandene Lasche des ersten Einzelteils schieben. Hierbei darauf achten, dass die unteren Spitzen aufeinander treffen, siehe rote Kreise. Die äußerste linke Kante des rechten Einzelteils direkt an die Mitte des linken Einzelteils schieben.

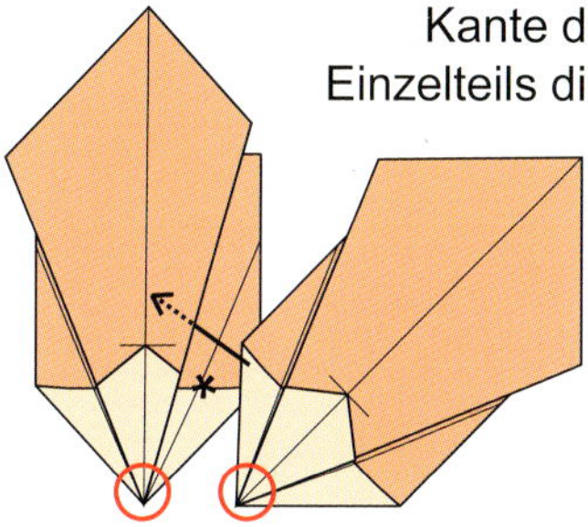

**6.** Schritte Nr. 4-5 mit den restlichen Einzelteilen wiederholen.

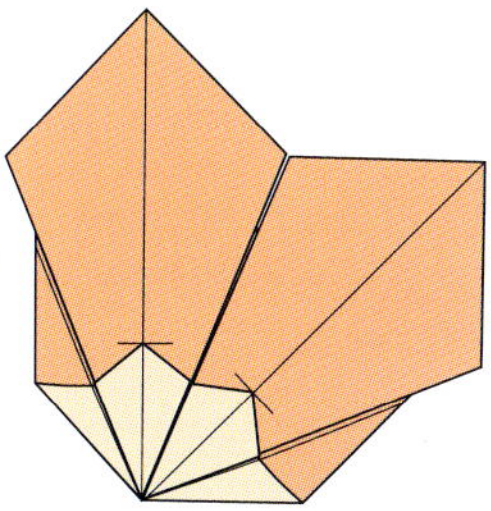

**7.** Rückseite nach oben legen.

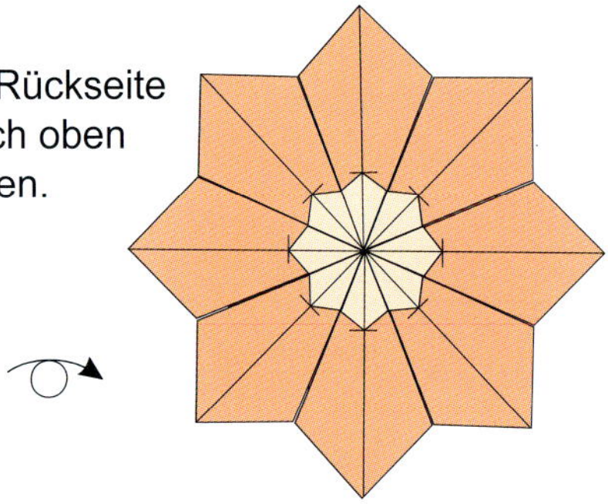

# Rückseite Variante Nr. 1

**1.** Die oberen Papierlagen jeweils nach rechts an die Mitten der jeweiligen Einzelteile falten.

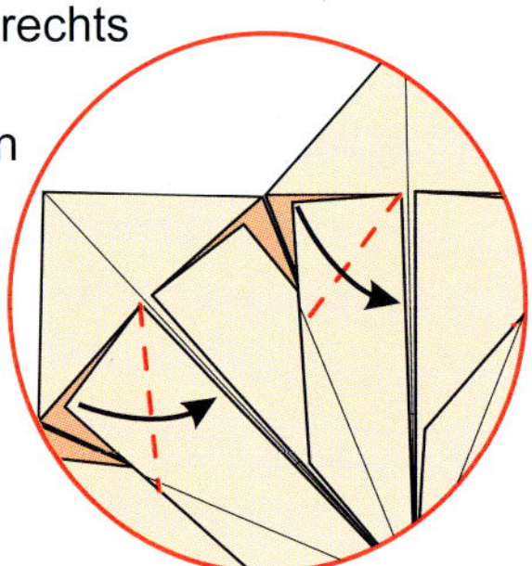

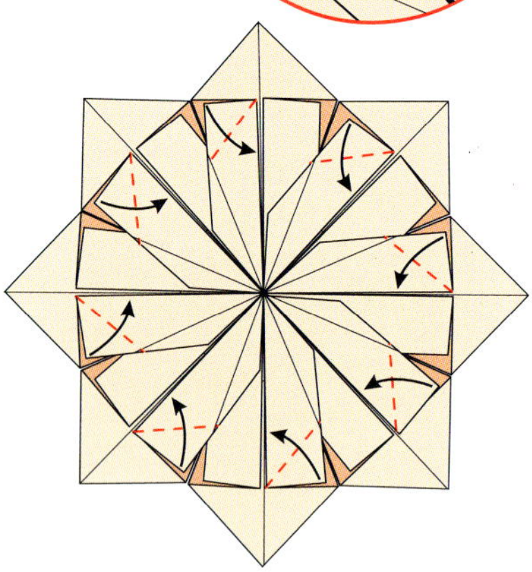

**2.** Die gegenüber liegenden Papierlagen jeweils nach links an die Mitten der jeweiligen Einzelteile falten.

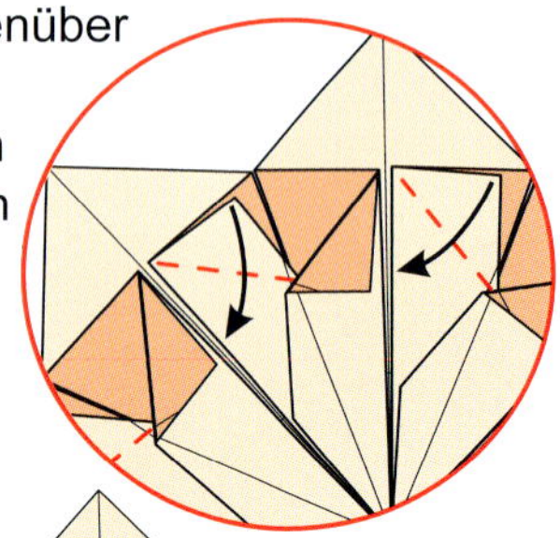

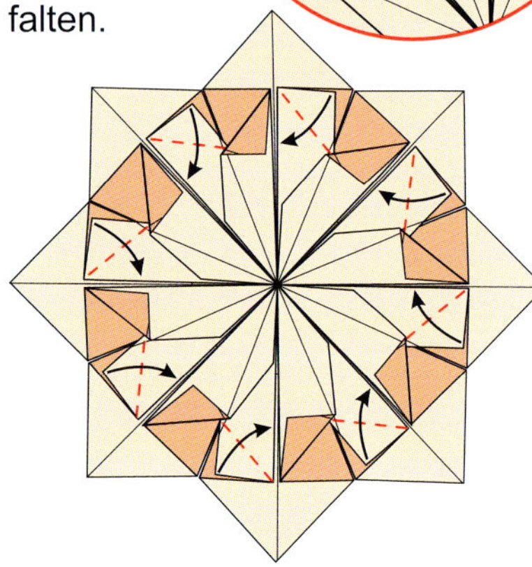

**3.** Fertiger Stern mit Rückseite Variante Nr. 1.

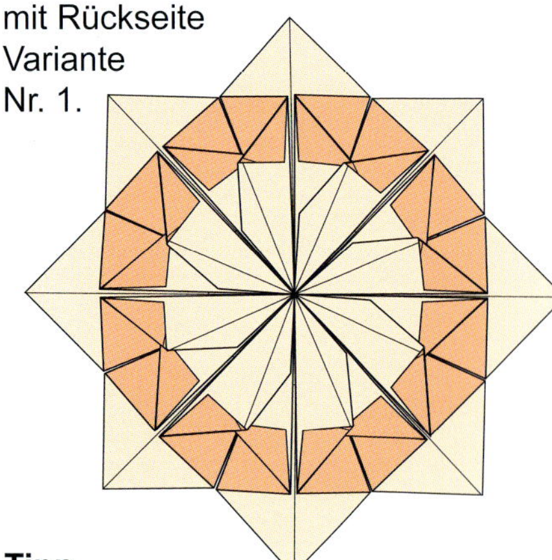

**Tipp**
Für mehr Stabilität kann der Stern nach dem Falten zusätzlich vorsichtig gepresst werden.

# Rückseite Variante Nr. 2

**1.** **Achtung!** Im Folgenden werden auf der Rückseite des Sterns kleine Tüten gerollt. Falten Sie daher keine direkten Knicke!

Die obere Papierlage jeweils nach links legen, siehe Pfeil.

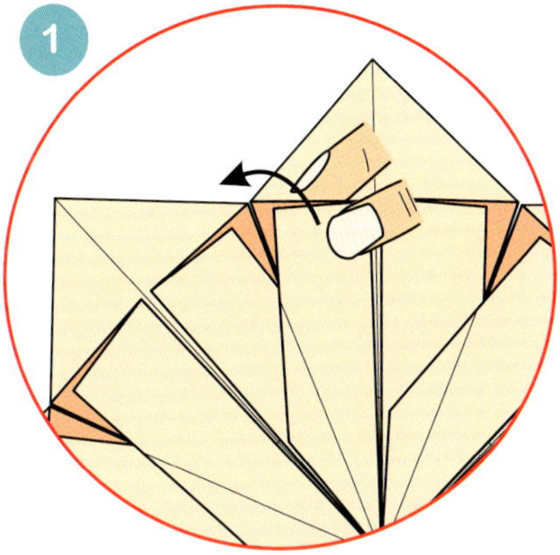


Dann Klebe auftragen. Sofort danach die links hiervon liegende Papierlage über die Klebestelle legen, andrücken und dabei die Tüte formen.

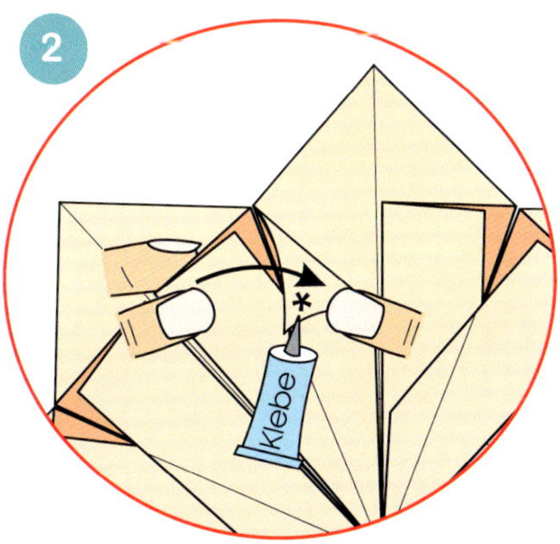


**2.** Die gerollte Tüte sieht dann so aus, siehe Zeichnung. Schritt Nr. 1 mit den restlichen Papierlagen für den ganzen Stern wiederholen.

**Tipp**
Klammern setzen, um die beiden Papierlagen optimal zu verbinden. Klebe gut trocknen lassen.

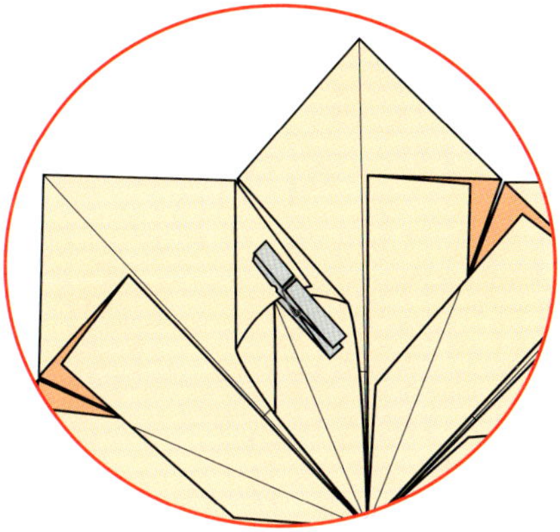

**3.** Fertiger Stern mit Rückseite Variante Nr. 2.

Licht und Schatten bringen die Sterne zum Erstrahlen!

Der 1. Stern
in Variante Nr. 2
bildet ein spitzes
Sternenmuster.

# 2. Stern

## MATERIAL

- 5 Blätter Transparentpapier
- Format: 15 x 15 cm
- Durchmesser fertiger Stern: 30 cm

**1.** Grundmodell von Seite 3 falten. Rückseite nach oben legen. Dann Kanten zur Mitte hin falten.

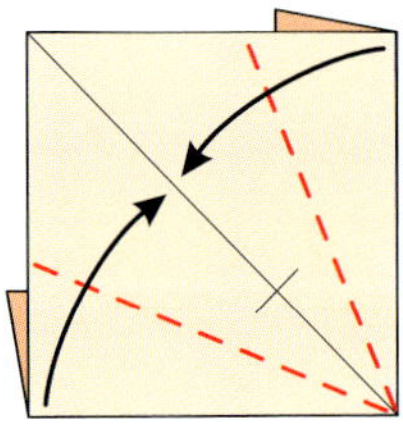

**2.** Rückseite nach oben legen und Einzelteil drehen.

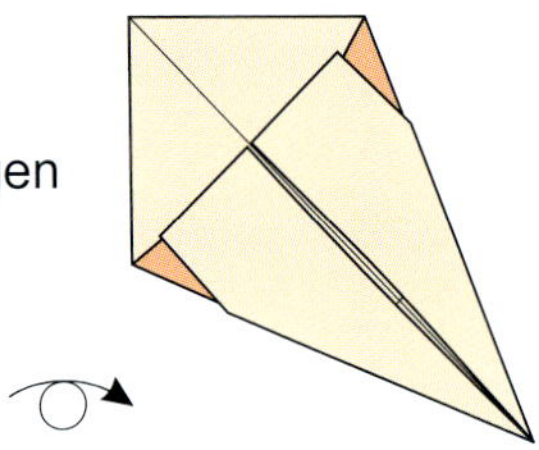

**3.** Oberste Papierlage nach außen legen. Einzelteil insgesamt 5 x falten.

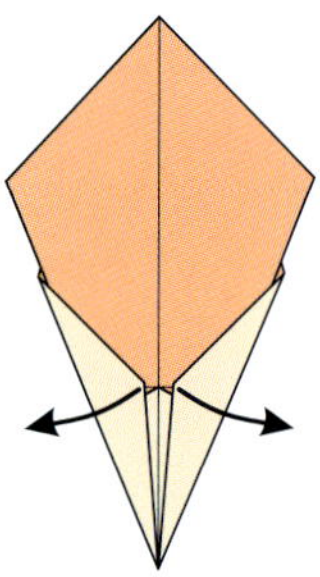

**4.** Auf die rechte Papierlage im unteren Bereich Klebe auftragen, siehe Zeichnung. Hierbei nur Klebepunkte setzen und nicht zu viel Klebe verwenden.

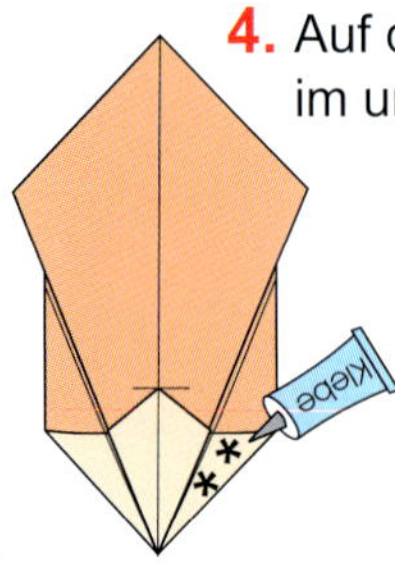


**5.** Ein weiteres Einzelteil auf den mit Klebe versehenen Bereich legen. Die markierten Kanten übereinander legen, siehe rote Linien.

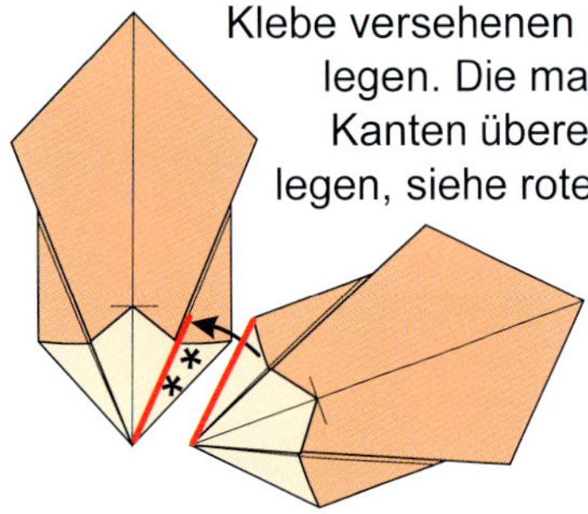


**6.** Schritte Nr. 4-5 mit den restlichen Einzelteilen wiederholen.

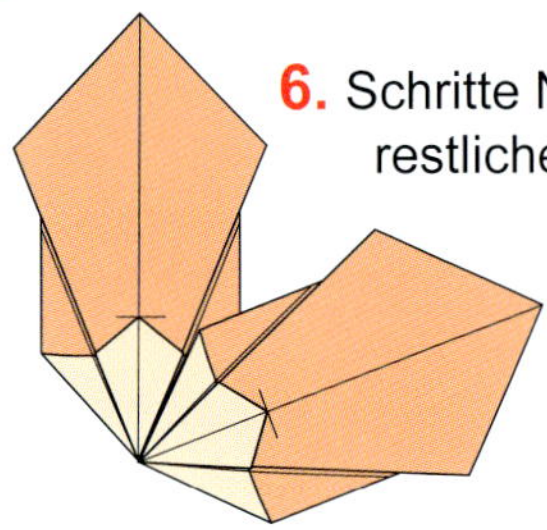

**7.** Rückseite nach oben legen.

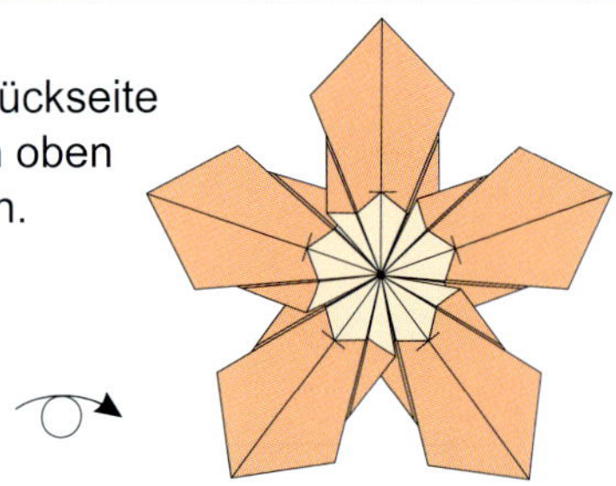

**8.** An jedem Einzelteil die oberen Lagen an die jeweilige Mitte falten.

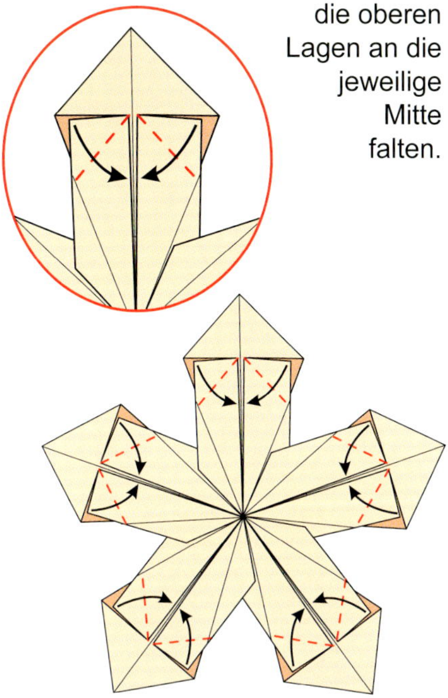

**9.** Die fertige Rückseite sieht nun so aus, siehe Zeichnung.

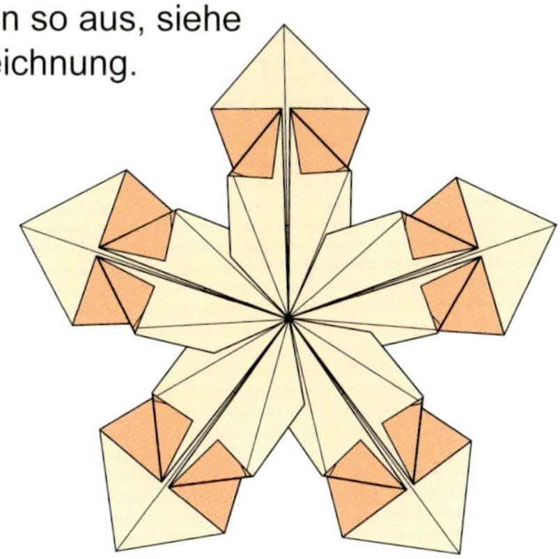

**Tipp**

Für mehr Stabilität kann der Stern nach dem Falten zusätzlich vorsichtig gepresst werden.

**Kristallgleich schwebt dieser Stern am Fenster.**

Ob einfarbig strahlend oder mit blau-silbernen Kristallen bedruckt, ...

...diese Sterne sind ein echter Hingucker!

# 3. Stern

## MATERIAL

- <u>Große Spitzen:</u>
  8 Blätter
  Transparentpapier
- <u>Kleine Spitzen:</u>
  2 Blätter
  Transparentpapier
- Format: 15 x 15 cm
- Durchmesser fertiger Stern: 27 cm

## Große Spitzen

**1.** Grundmodell von Seite 3 falten. Rückseite nach oben legen. Obere linke Ecke zur Markierung falten.

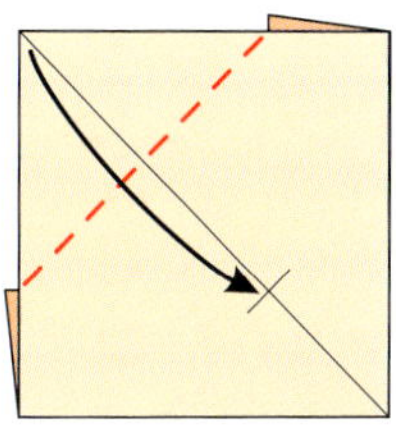

**2.** Die beiden kurzen Kanten, siehe rote Kreise, nun an die oberste Papierlage falten.

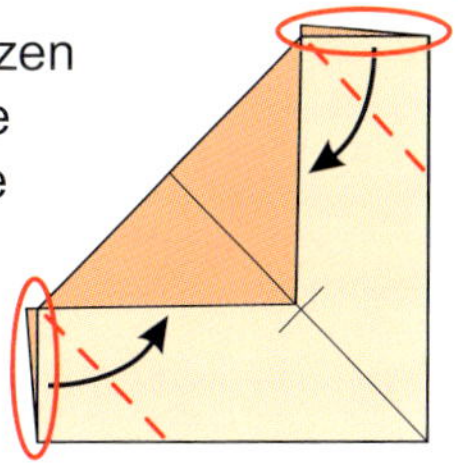

**3.** Kanten zur Mitte falten.

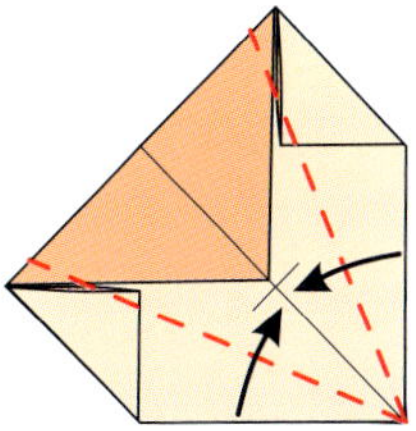

**4.** Einzelteil wieder öffnen.

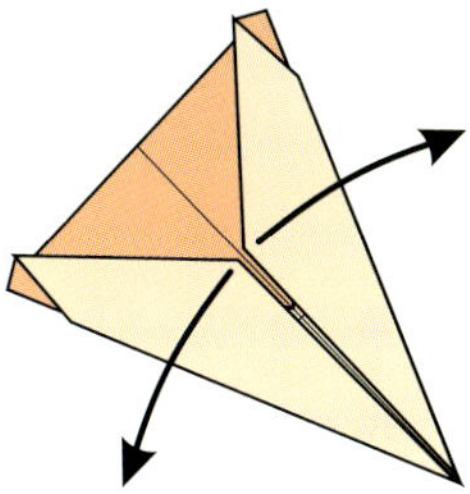

**5.** Die beiden kleinen, bei der Faltung entstandenen, Ecken abschneiden.

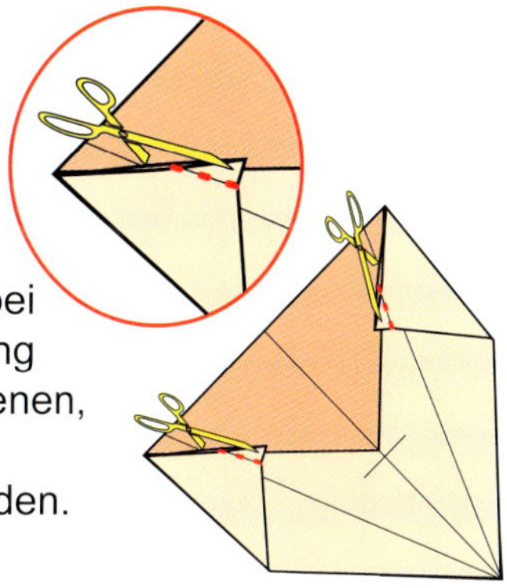

**6.** Einzelteil wieder zusammenfalten.

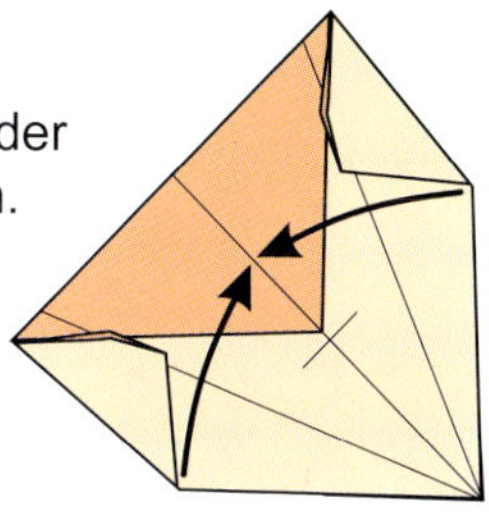

**7.** Rückseite nach oben legen.

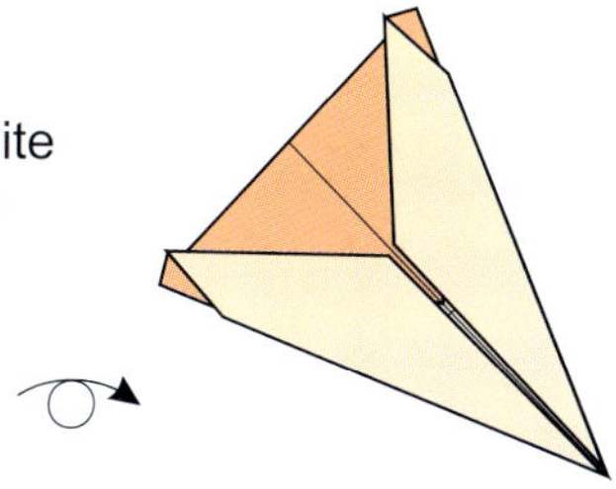

**8.** Oberste Papierlage nach außen legen und Einzelteil drehen.

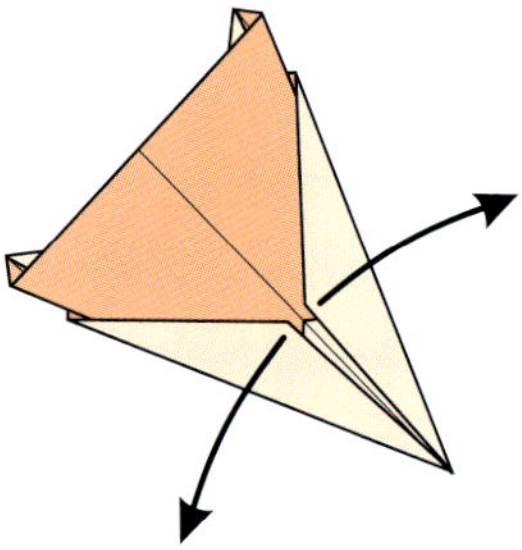

**9.** Einzelteil insgesamt 8 x falten.

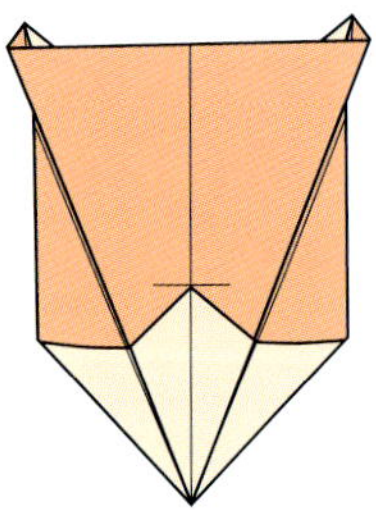

**10.** Oberste rechte Papierlage leicht anheben und Klebe auftragen, siehe Zeichnung. Hierbei nur Klebepunkte setzen und nicht zu viel Klebe verwenden.

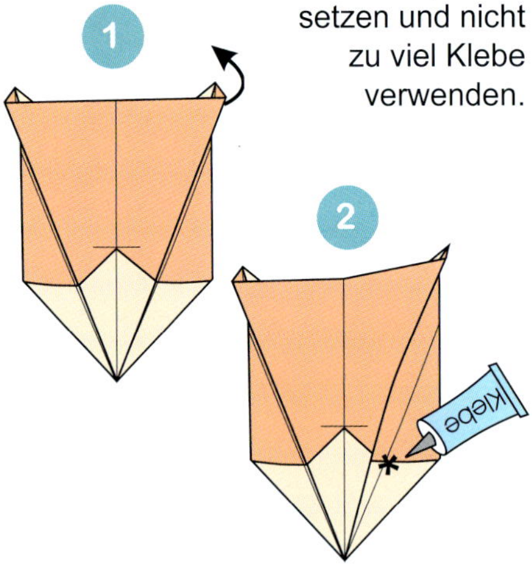


**11.** Ein weiteres Einzelteil in die entstandene Lasche des ersten Einzelteils schieben. Hierbei darauf achten, dass die unteren Spitzen aufeinander treffen, siehe rote Kreise. Die äußerste linke Kante des rechten Einzelteils direkt an die Mitte des linken Einzelteils schieben.

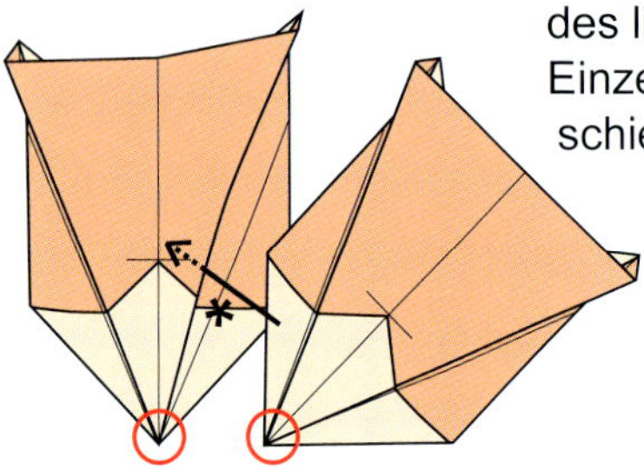

**12.** Schritte Nr. 10-11 mit den restlichen Einzelteilen wiederholen.

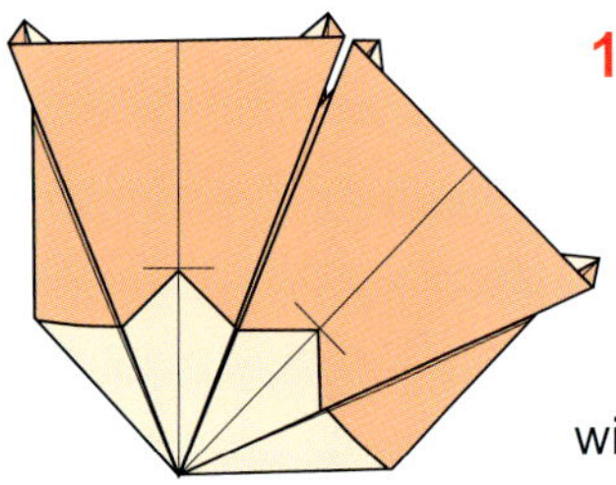

**13.** Nun werden die kleinen Spitzen gearbeitet, siehe nächste Seite.

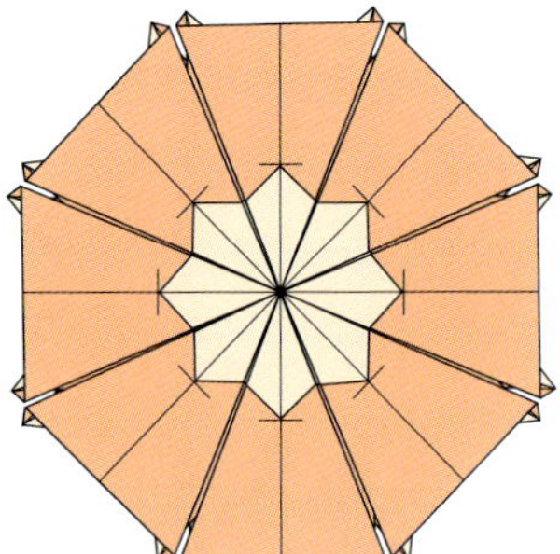

# Kleine Spitzen

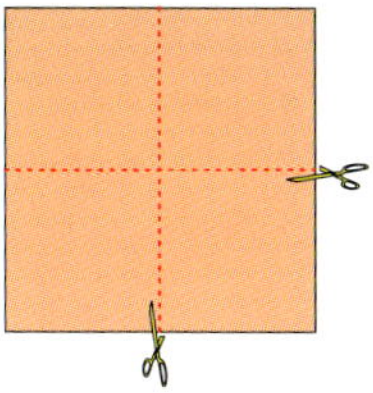

**1.** Beide Papiere mittig durchschneiden, sodass insgesamt 8 Blätter à 7,5 x 7,5 cm entstehen.

**2.** Grundmodell von Seite 3 falten. Beide Ecken an die äußeren Kanten falten.

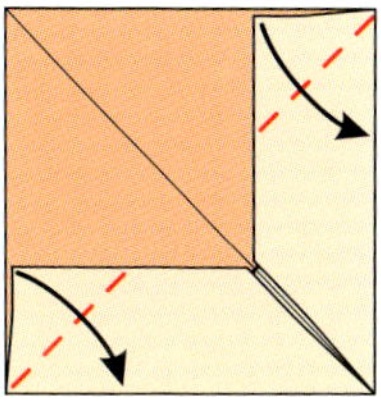

**3.** Rückseite nach oben legen.

**4.** Kanten zur Mitte falten.

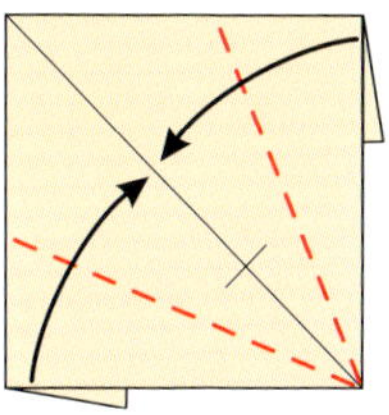

**5.** Kleine Spitzen insgesamt 8 x falten.

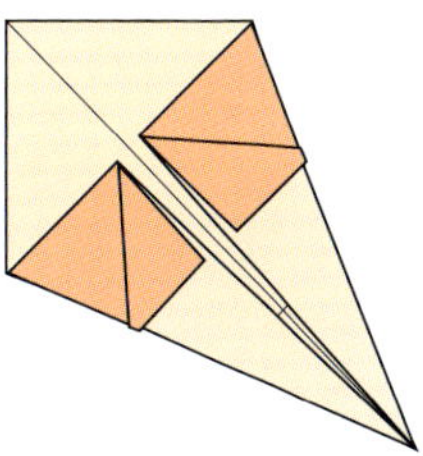

# Zusammensetzen

**1.** Zwei große Spitzen leicht auseinander ziehen. Kleine Spitze direkt darüber mittig platzieren.

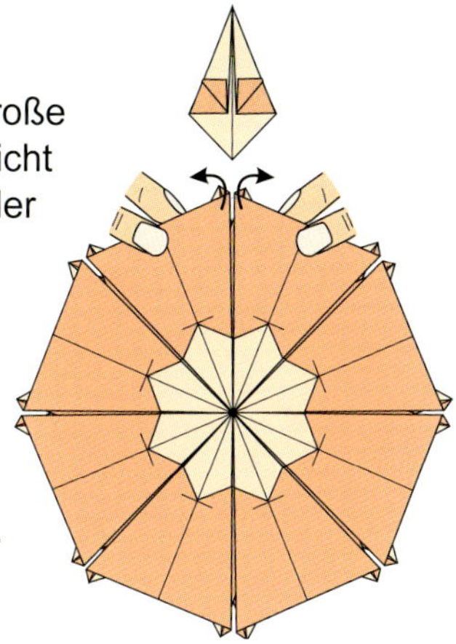

**2.** Klebe auf die innere Lasche auftragen und kleine Spitze nur ganz leicht in die Lasche legen.

**Achtung!** Noch nicht festdrücken!

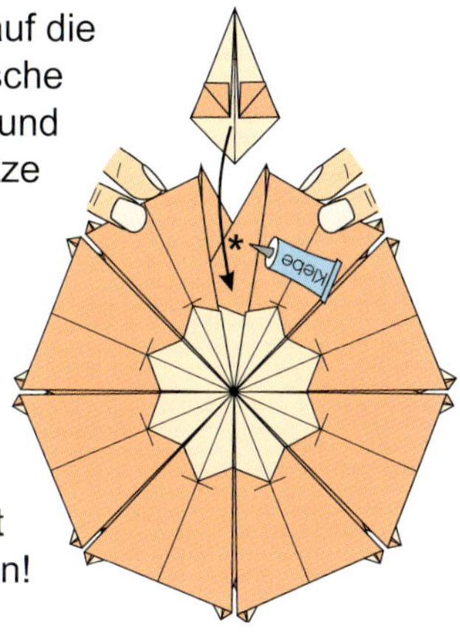


**3.** Die beiden großen Spitzen wieder zusammenschieben.

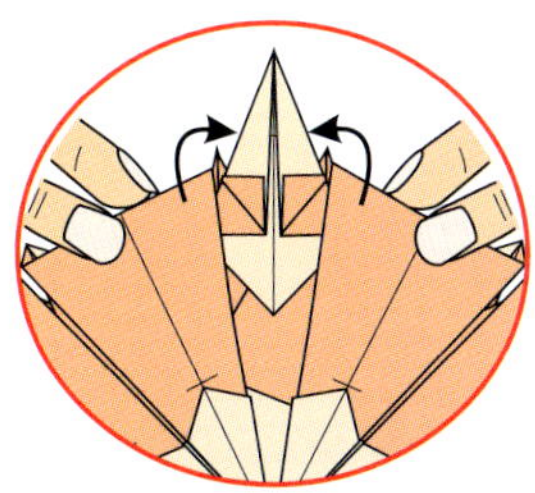

**4.** Dann die kleine Spitze etwas nach oben ziehen, soweit wie es bei dem geschlossenen Stern möglich ist. Fest andrücken. Dies mit allen kleinen Spitzen wiederholen.

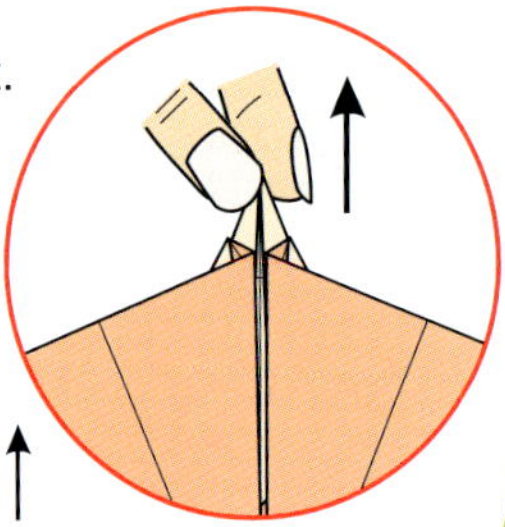

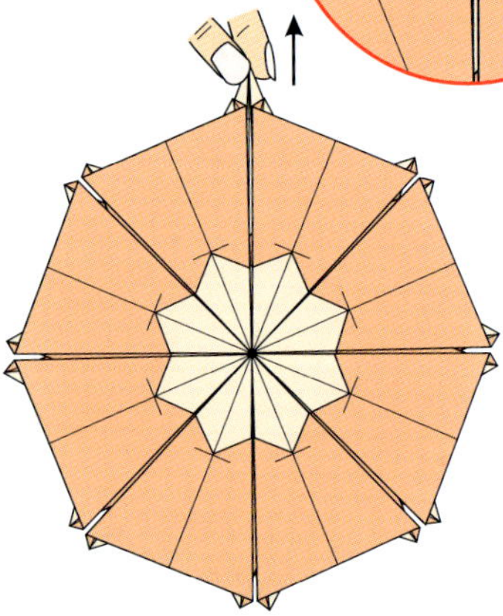

**5.** Fertiger Stern.

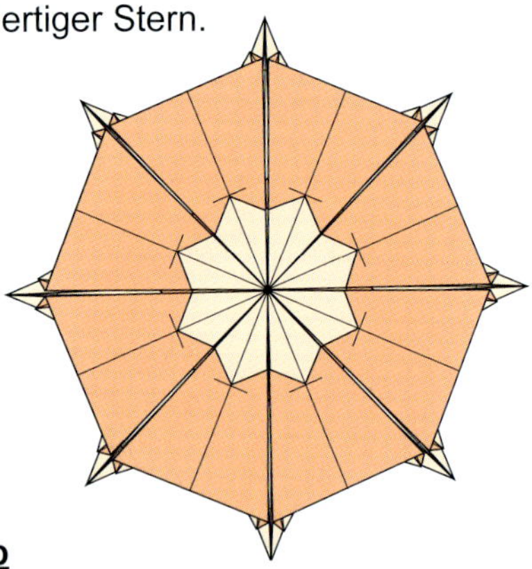

**Tipp**
Für mehr Stabilität
kann der Stern nach dem Falten
zusätzlich vorsichtig gepresst werden.

Transparente Fenstersterne mit sichtbaren, sternförmigen Faltmustern.

# 4. Stern

## MATERIAL

- 8 Blätter Transparentpapier
- Format: 15 x 15 cm
- Durchmesser fertiger Stern: 32 cm

**1.** Mit 4 Blättern das Grundmodell von Seite 3 falten und Schritte Nr. 1-3 des 1. Sterns wiederholen (S. 5).

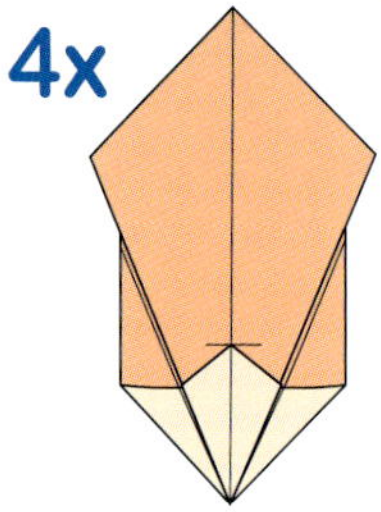


**2.** Mit den restlichen 4 Blättern Schritte Nr. 1-2 des Grundmodells von Seite 3 falten. Eine weitere Markierung falten, indem die untere, rechte Ecke an die Mitte gefaltet wird.

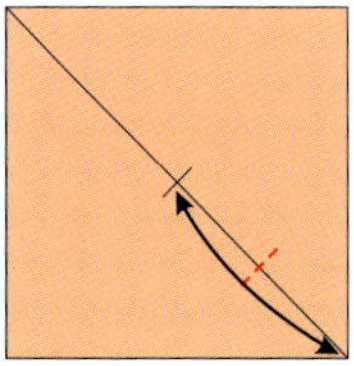

**3.** Linke obere Ecke an die untere Markierung falten.

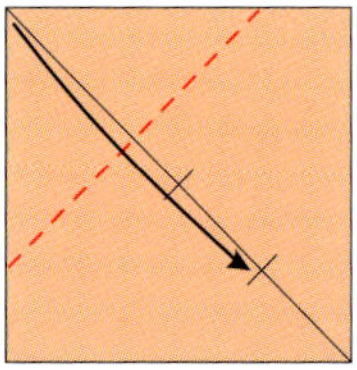

**4.** Beide Kanten an die untere Markierung falten.

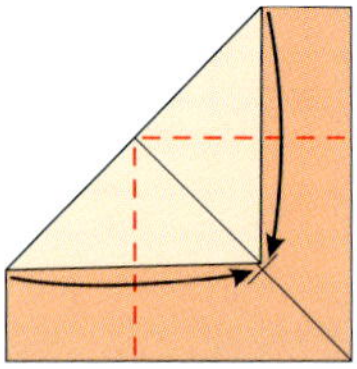

**5.** Rückseite nach oben legen und Einzelteil drehen.

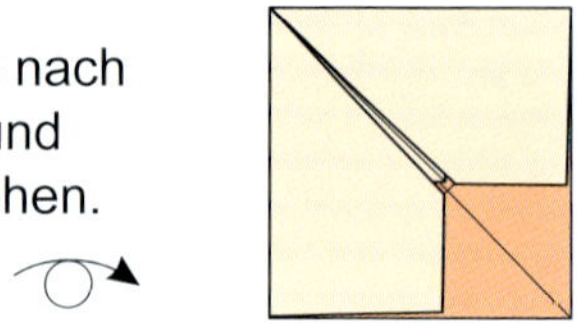

**6.** Kanten zur Mitte falten und Rückseite nach oben legen.

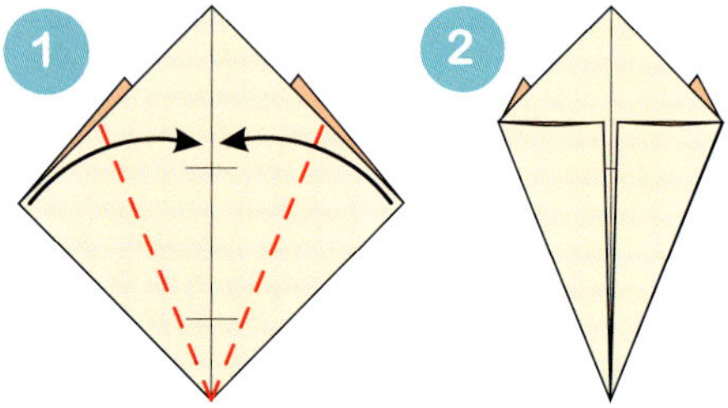


**7.** Oberste Papierlage nach außen legen.Einzelteil insgesamt 4 x falten.

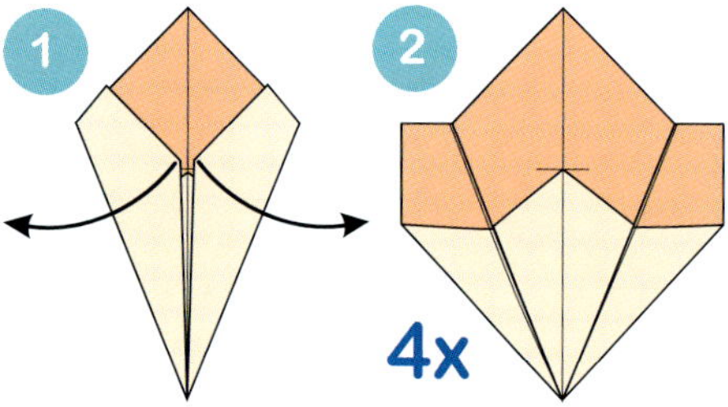


**8.** Schritte Nr. 4-5 des 1. Sterns wiederholen (S. 5) und dabei darauf achten, dass die Einzelteile jeweils im Wechsel (groß, klein) ineinander geklebt werden.

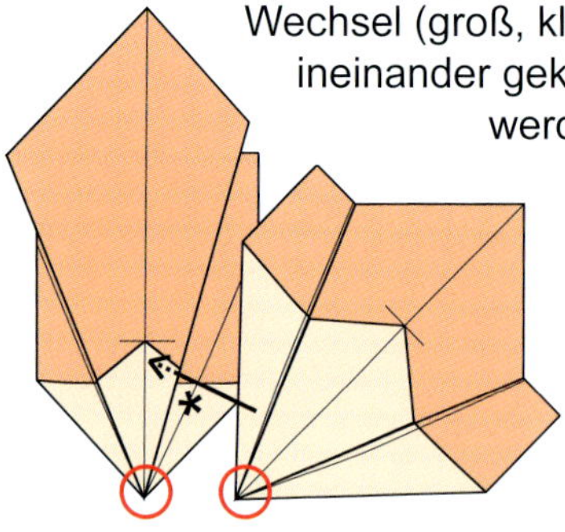

**9.** Schritt Nr. 8 mit den restlichen Einzelteilen wiederholen.

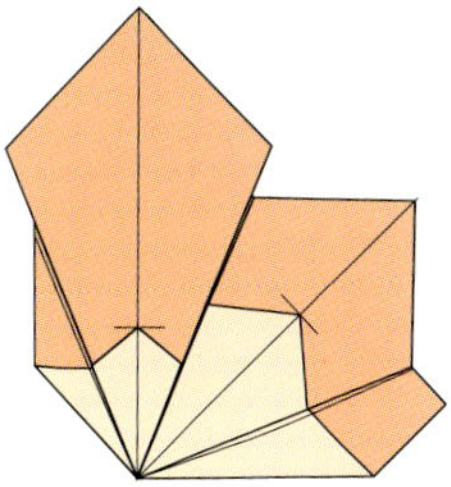

**10.** Fertiger Stern.

**Tipp**
Für mehr Stabilität kann der Stern nach dem Falten zusätzlich vorsichtig gepresst werden.

**Auch moderne Formen sorgen für Abwechslung.**

**Die Faltungen kommen besonders gut zur Geltung, wenn der Stern einfarbig ist.**

# 5. Stern

## MATERIAL

- 8 Blätter Transparentpapier
- Format: 15 x 15 cm
- Durchmesser fertiger Stern: 32 cm

**1.** Grundmodell von Seite 3 falten. Rückseite nach oben legen. Markierung in der Mitte falten, wieder öffnen.

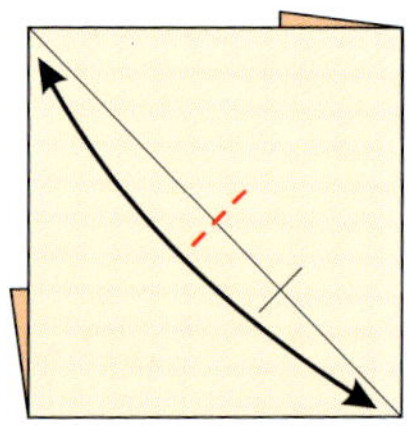

**2.** Ecken zur oberen Markierung falten.

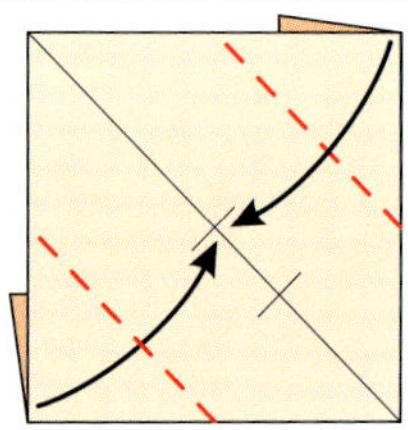

**3.** Kanten zur Mitte falten.

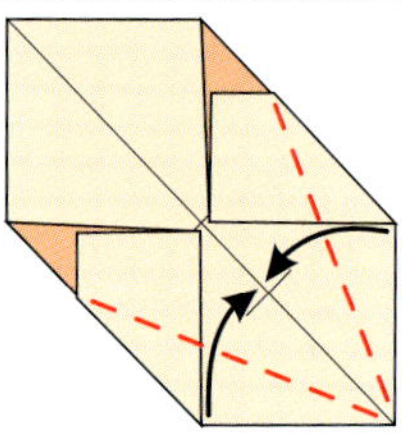

**4.** Rückseite nach oben legen und Einzelteil drehen.

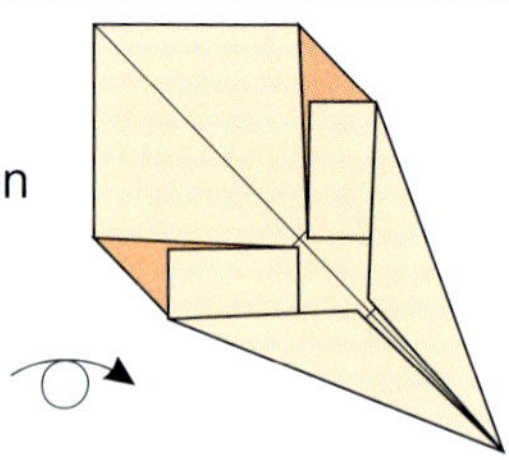

**5.** Oberste Papierlage nach außen legen. Einzelteil insgesamt 8 x falten.

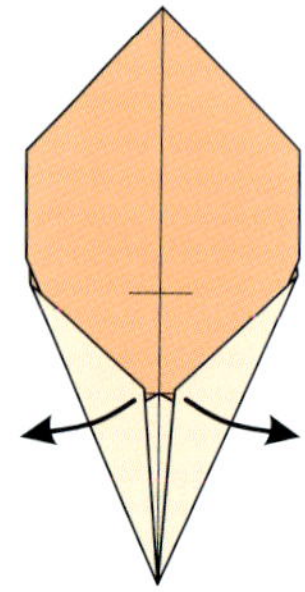

**6.** Auf die rechte Papierlage im unteren Bereich Klebe auftragen, siehe Zeichnung. Hierbei nur Klebepunkte setzen und nicht zu viel Klebe verwenden.

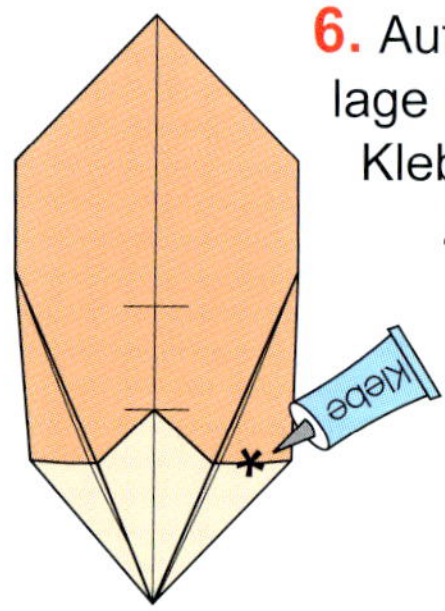


**7.** Ein weiteres Einzelteil in die entstandene Lasche des ersten Einzelteils schieben. Hierbei darauf achten, dass die unteren Spitzen aufeinander treffen, siehe rote Kreise. Die äußerste linke Kante des rechten Einzelteils direkt an die Mitte des linken Einzelteils schieben.

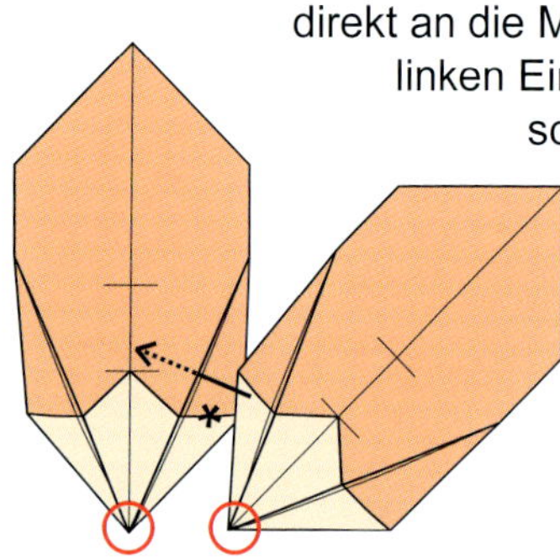

**8.** Schritte Nr. 6-7 mit den restlichen Einzelteilen wiederholen.

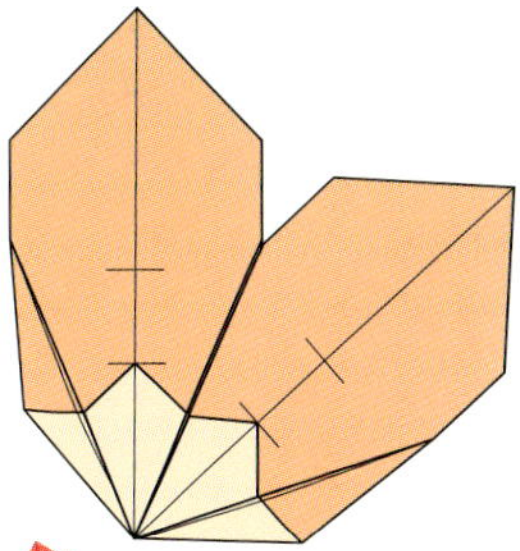

**9.** Fertiger Stern.

**<u>Tipp</u>**

Für mehr Stabilität kann der Stern nach dem Falten zusätzlich vorsichtig gepresst werden.

# 6. Stern

## MATERIAL

- 8 Blätter Transparentpapier
- Format: 15 x 15 cm
- Durchmesser fertiger Stern: 27 cm

**1.** Grundmodell von Seite 3 falten. Markierung in der Mitte des linken oberen Quadrates falten, wieder öffnen.

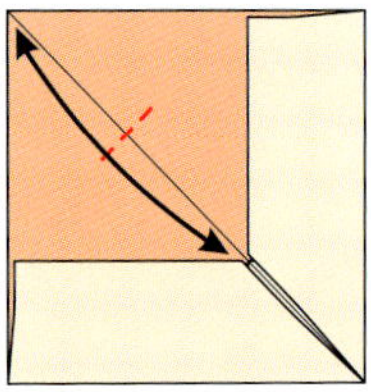

**2.** Linke obere Ecke an die obere Markierung falten.

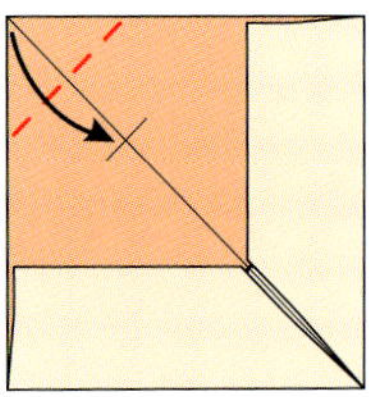

**3.** Beide Kanten an die obere Markierung falten.

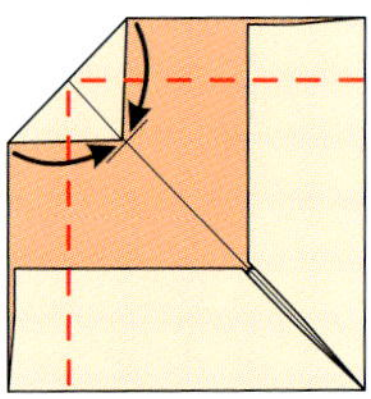

**4.** Rückseite nach oben legen.

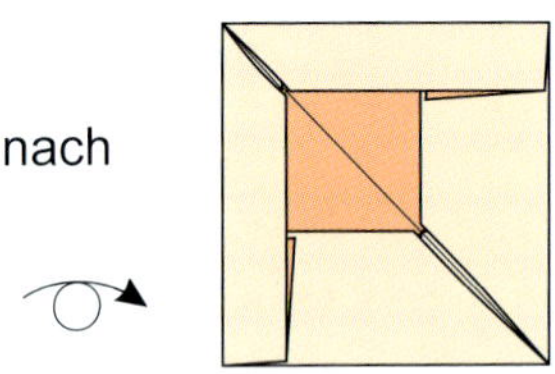

**5.** Kanten zur Mitte falten.

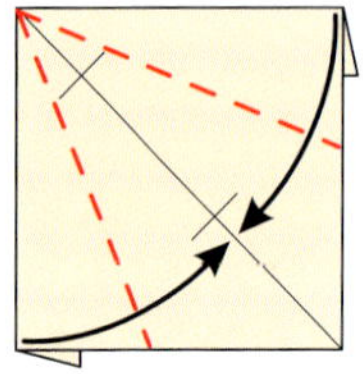

**6.** Rückseite nach oben legen und Einzelteil drehen.

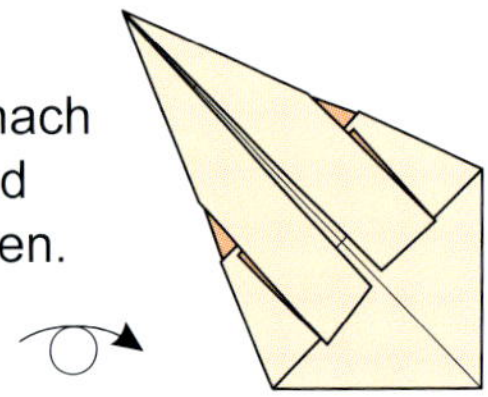

**7.** Oberste Papierlage nach außen legen. Einzelteil insgesamt 8 x falten.

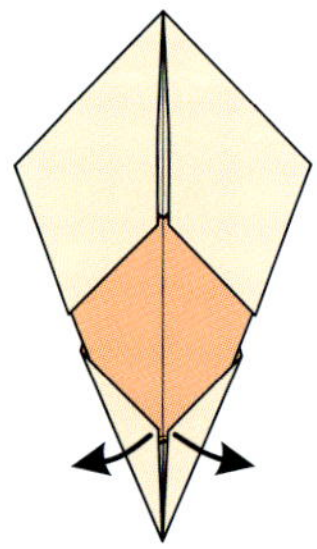

**8.** Oberste rechte Papierlage leicht anheben und Klebe auftragen, siehe Zeichnung. Hierbei nur Klebepunkte setzen und nicht zu viel Klebe verwenden.

1

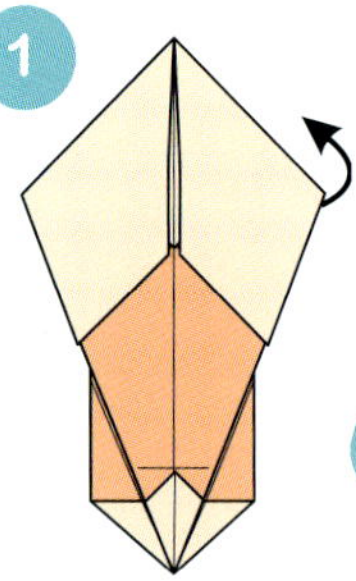

2

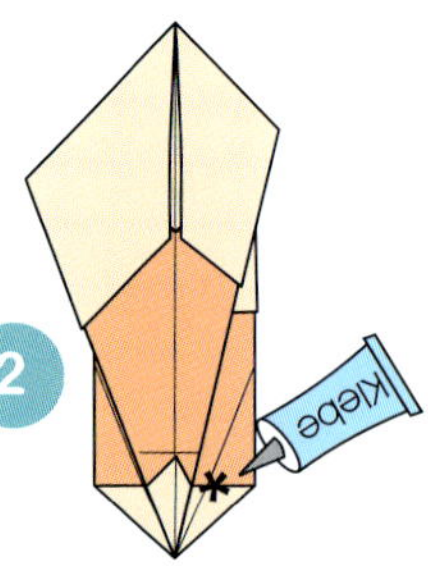

**9.** Ein weiteres Einzelteil in die entstandene Lasche des ersten Einzelteils schieben. Hierbei darauf achten, dass die unteren Spitzen aufeinander treffen, siehe rote Kreise. Die äußerste linke Kante des rechten Einzelteils direkt an die Mitte des linken Einzelteils schieben.

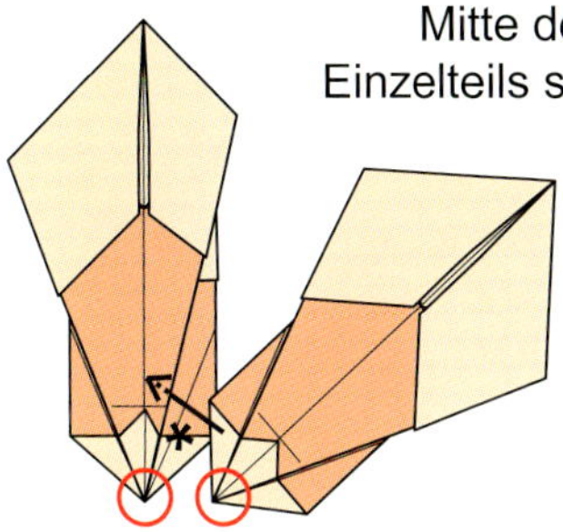

**10.** Schritt Nr. 9 mit den restlichen Einzelteilen wiederholen.

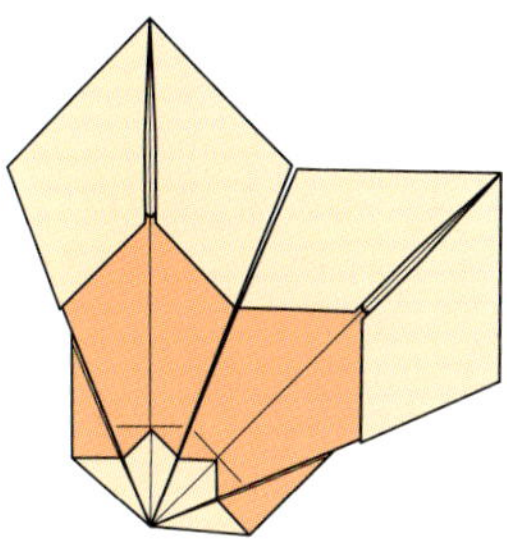

**11.** Rückseite nach oben legen.

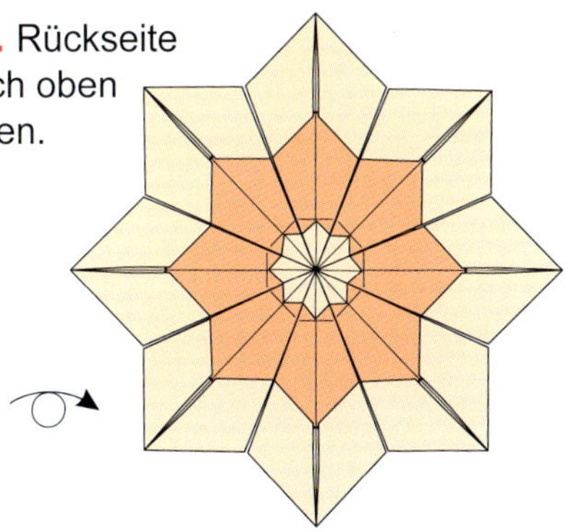

**12.** **Achtung!** Im Folgenden werden auf der Rückseite des Sterns kleine Tüten gerollt. Falten Sie daher keine direkten Knicke!

Die obere, rechte Papierlage nach links legen, siehe Pfeil.

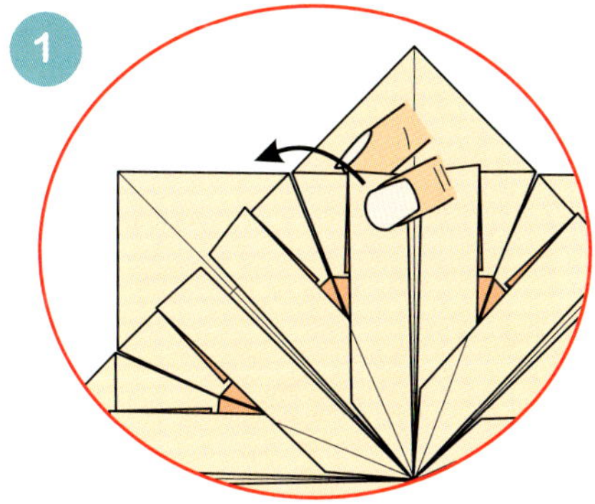


Dann Klebe auftragen. Sofort danach die obere, linke Papierlage über die Klebestelle legen, andrücken und dabei die Tüte formen.

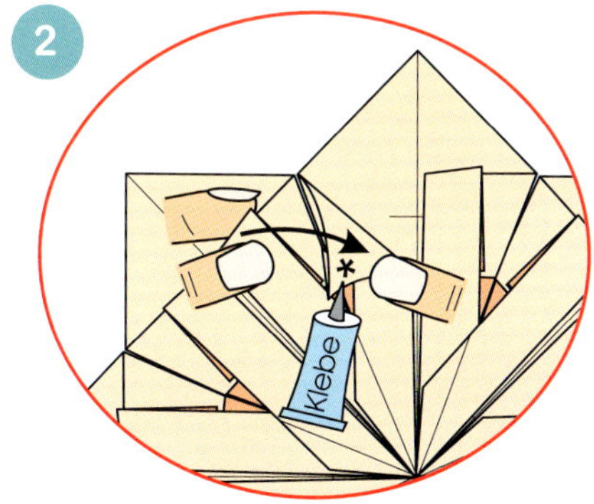

**13.** Die gerollte Tüte sieht dann so aus, siehe Zeichnung. Schritt Nr. 12 mit den restlichen Papierlagen für den ganzen Stern wiederholen.

**Tipp**
Klammern setzen, um die beiden Papierlagen optimal zu verbinden. Klebe gut trocknen lassen.

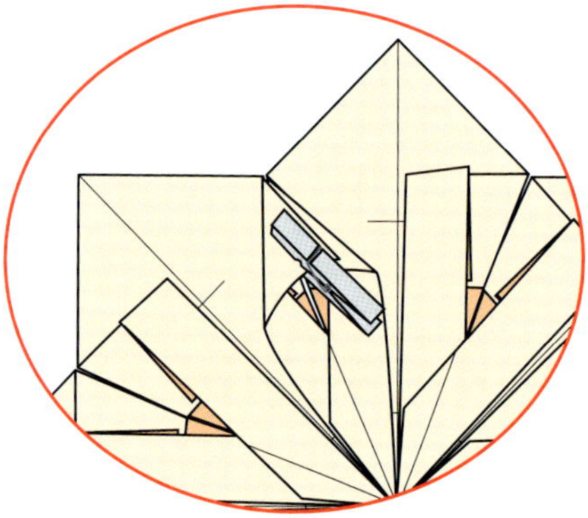

**14.** Fertige Rückseite des Sterns.

# 7. Stern

## MATERIAL

- 8 Blätter Transparentpapier
- Format: 15 x 15 cm
- Durchmesser fertiger Stern: 27 cm

**1.** Schritte Nr. 1-2 des Grundmodells von Seite 3 falten. Eine weitere Markierung falten, indem die untere, rechte Ecke an die Mitte gefaltet wird.

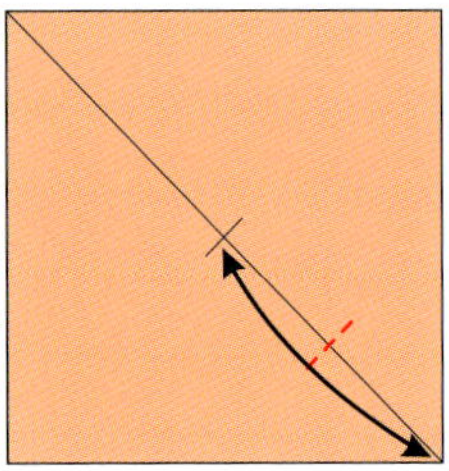

**2.** Linke obere Ecke an die untere Markierung falten.

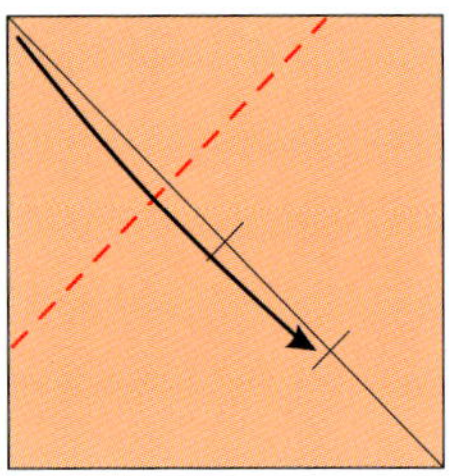

**3.** Beide Kanten an die untere Markierung falten.

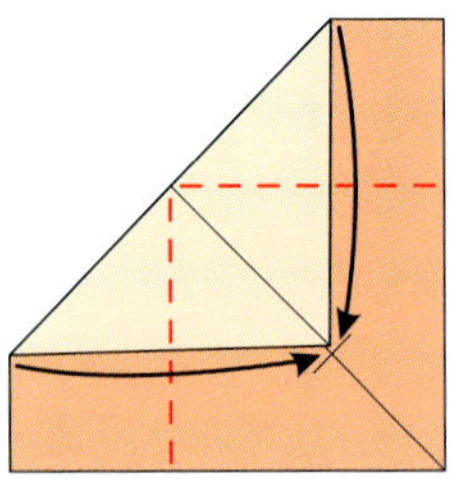

**4.** Rückseite nach oben legen und Einzelteil drehen.

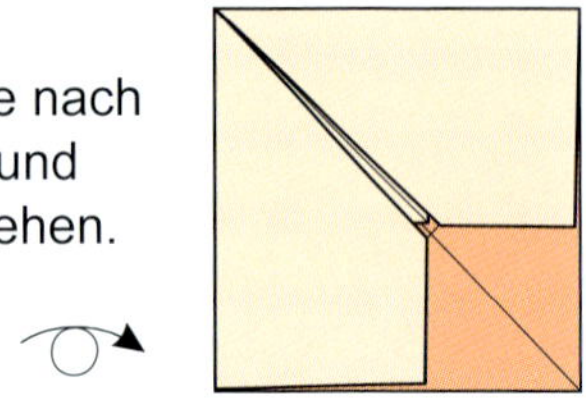

**5.** Die rechte und die linke Ecke an das durchschimmernde Quadrat im Innern des Einzelteils falten.

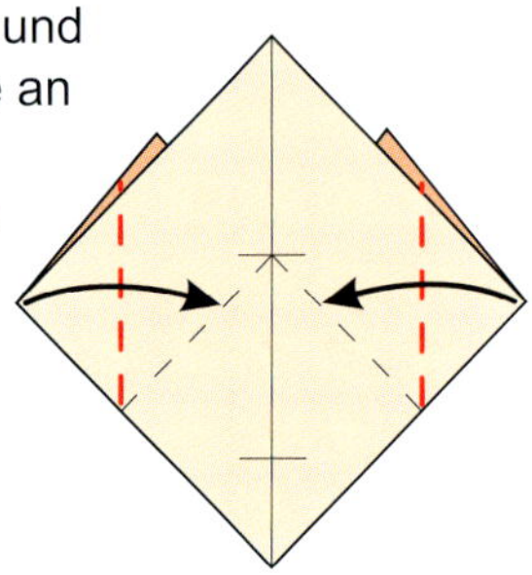

**6.** Kanten zur Mitte falten.

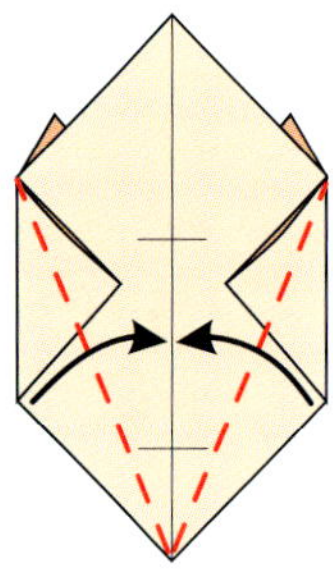

**7.** Rückseite nach oben legen.

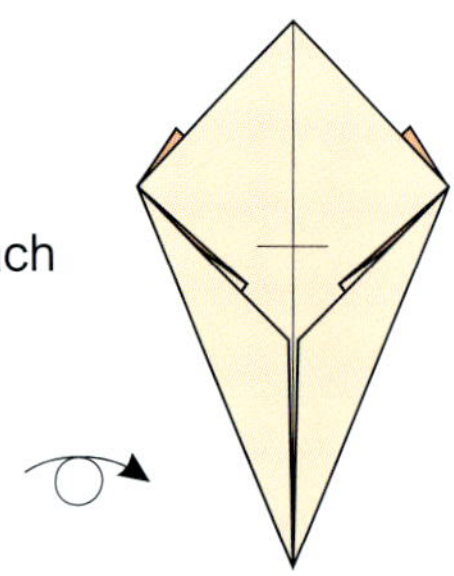

**8.** Oberste Papierlage nach außen legen.

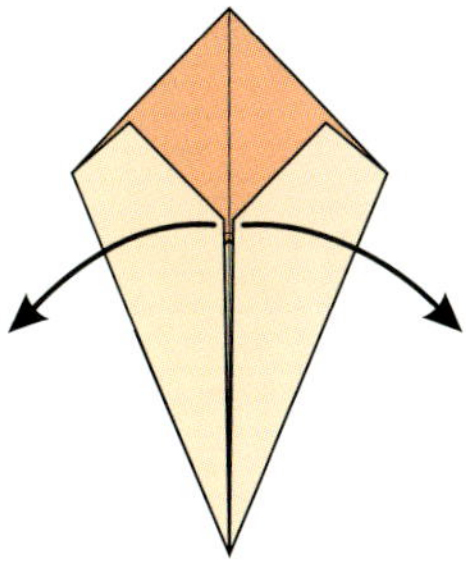

**9.** Kanten parallel an die oberste Papierlage falten und wieder öffnen, siehe Zeichnung.

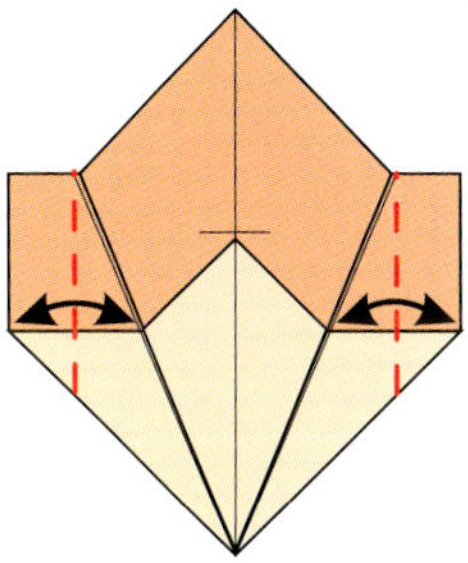

**10.** Nun die beiden äußeren Bereiche abschneiden. Einzelteil insgesamt 8 x falten.

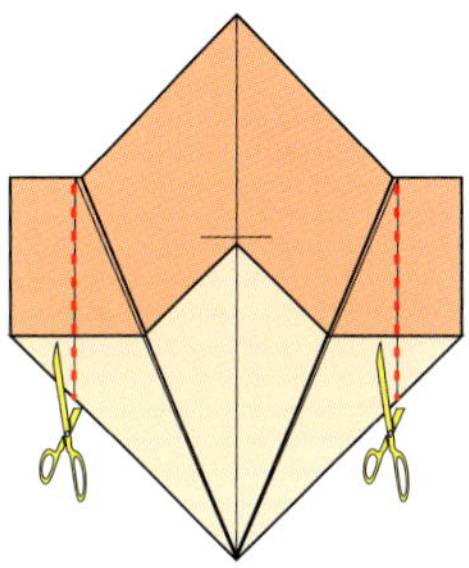

**11.** Auf die rechte Papierlage im unteren Bereich Klebe auftragen, siehe Zeichnung. Hierbei nur Klebepunkte setzen und nicht zu viel Klebe verwenden.

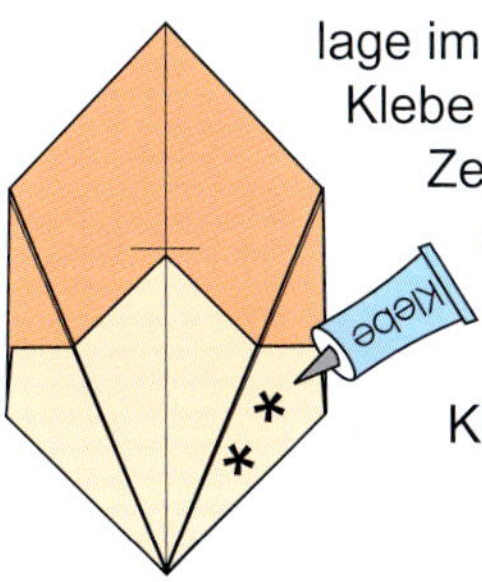


**12.** Ein weiteres Einzelteil in die entstandene Lasche des ersten Einzelteils schieben. Hierbei darauf achten, dass die unteren Spitzen aufeinander treffen, siehe rote Kreise. Die äußerste linke Kante des rechten Einzelteils direkt an die Mitte des linken Einzelteils schieben.

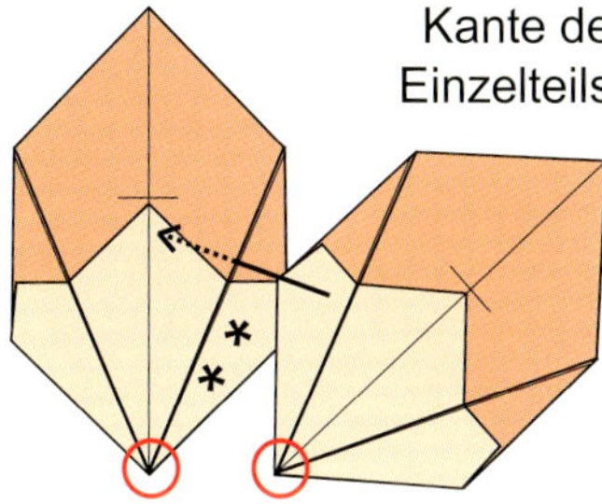

**13.** Schritt Nr. 12 mit den restlichen Einzelteilen wiederholen.

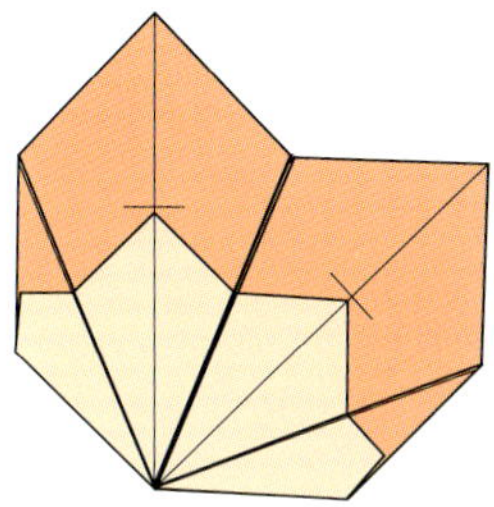

**14.** Fertiger Stern.

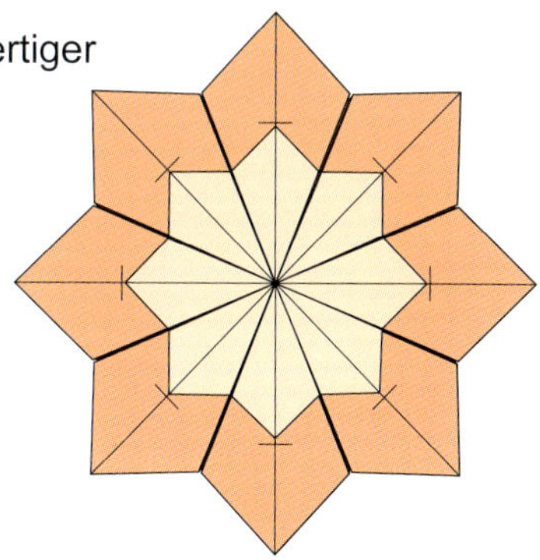

**Tipp**

Für mehr Stabilität kann der Stern nach dem Falten zusätzlich vorsichtig gepresst werden.

Durch die hellen Spitzen strahlen die Sterne besonders schön nach außen.

Die vielen Papierlagen garantieren ein aufregendes Licht- und Schattenspiel.

# 8. Stern

## MATERIAL

- 16 Blätter Transparentpapier
- Format: 15 x 15 cm
- Durchmesser fertiger Stern: 30 cm

**1.** Grundmodell von Seite 3 falten. Rückseite nach oben legen und Einzelteil drehen. Kanten zur Mitte falten.

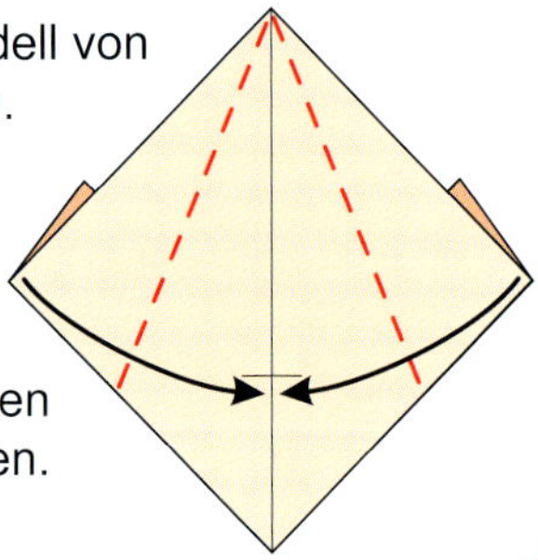

**2.** Untere Ecke nach oben falten.

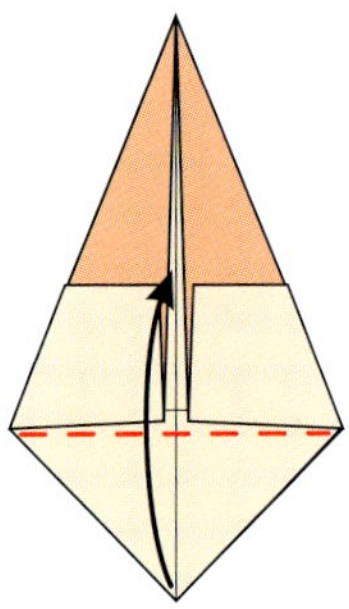

**3.** Faltungen von Schritt Nr. 1-2 wieder öffnen.

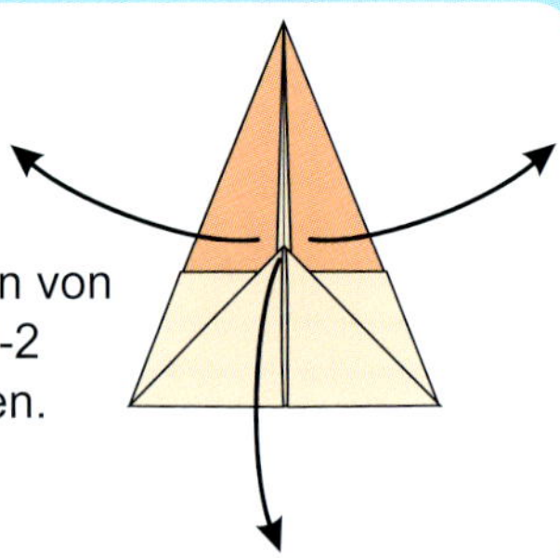

**4.** Klebe auf die rechte und linke Papierlage auftragen und diese wieder zur Mitte legen, siehe Schritt Nr. 1.

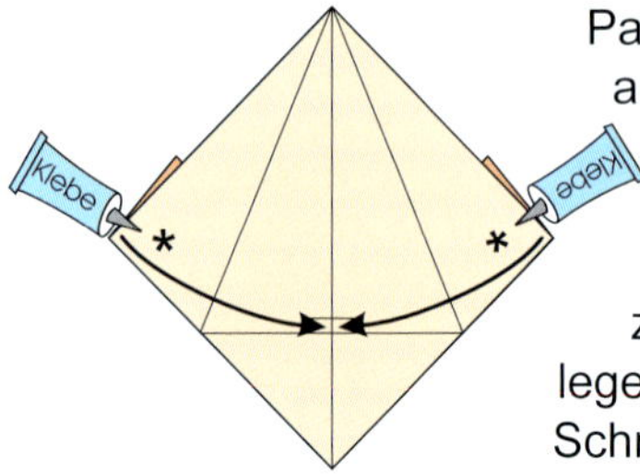


**5.** Klebe auf die untere Papierlage auftragen und diese wieder nach oben legen, siehe Schritt Nr. 2. Einzelteil insgesamt 16 x falten.

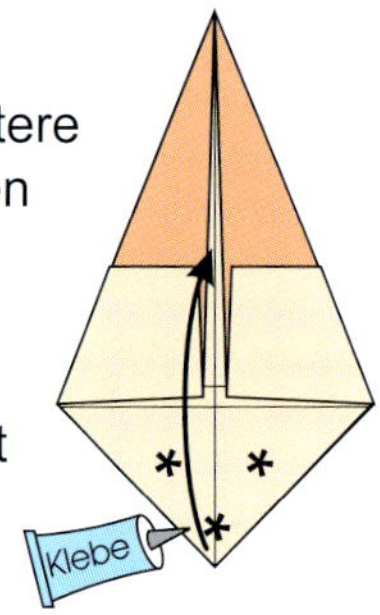


**6.** Auf die rechte Papierlage im unteren Bereich Klebe auftragen, siehe Zeichnung.

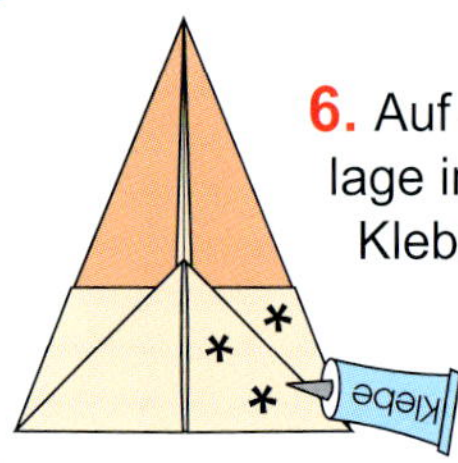


**7.** Ein weiteres Einzelteil in die entstandene Lasche des ersten Einzelteils schieben. Hierbei die linke Spitze des rechten Einzelteils schräg in das linke Einzelteil schieben.

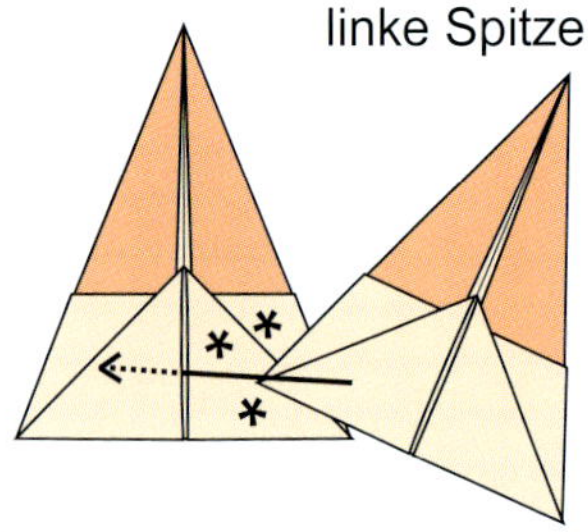

**8.** Die rot markierten Kanten ergeben eine Gerade, siehe Zeichnung. Schritt Nr. 7 mit den restlichen Einzelteilen wiederholen.

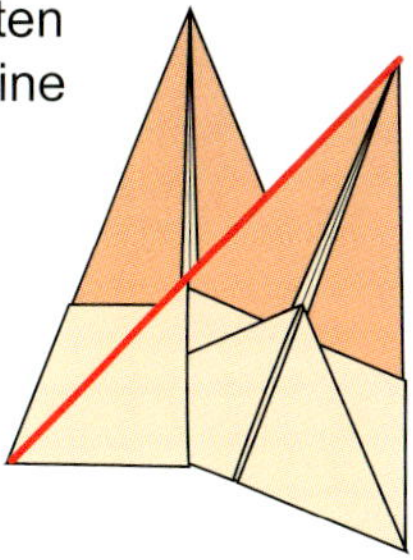

**9.** Fertiger Stern.

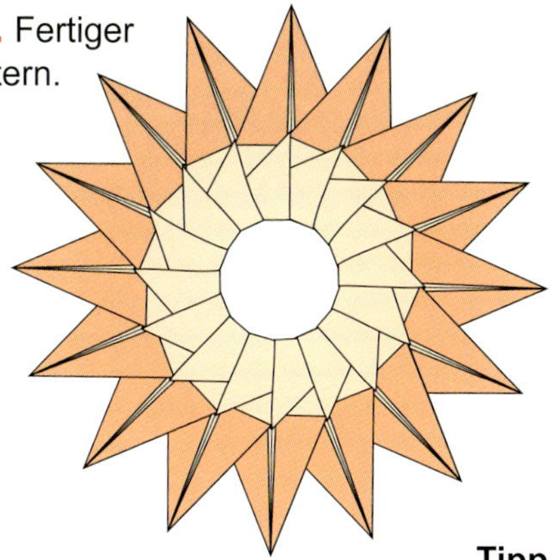

**Tipp**

Für mehr Stabilität kann der Stern nach dem Falten zusätzlich vorsichtig gepresst werden.